Furia 5K: ¡10 Pasos comprobados que te llevarán a la línea de meta en 9 semanas o menos!

por Scott O. Morton

LERK Publishing, LLC

Cubierta por: LERK Publishing, LLC

ISBN: **978-1-947010-13-0**

Sígueme en Facebook y Twitter:

Twitter: @BeginR2FinishR

Facebook: facebook.com/BeginnerToFinisher/

Página web: www.halfmarathonforbeginners.com

Email: scottmorton@halfmarathonforbeginners.com

Para mi padre, Richard
(Entrenador, Emprendedor, Visionario)

Furia 5K

Exención de responsabilidad médica

La información contenida en este libro está destinada a complementar, no a reemplazar, el entrenamiento apropiado de medio maratón. Un deporte que involucre velocidad, equipo, equilibrio, factores ambientales y correr, implicará algún riesgo inherente. Los autores y el editor aconsejan a los lectores a asumir la plena responsabilidad de su seguridad y conocer sus límites. Antes de practicar las habilidades descritas en este libro, asegúrate de que tu equipo esté bien mantenido y no arriesgues más allá de tu nivel de experiencia, aptitud, entrenamiento y nivel de comodidad.

Otros libros de Scott O. Morton

Serie De Principiante a Finalizador:

<u>**Disponible ahora:**</u>

Libro 1: *Por qué los nuevos corredores Fallan: ¡26 Consejos esenciales que debes conocer antes de comenzar a correr!*

Libro 2: *Furia 5K: ¡10 Pasos comprobados que te llevaran a la línea de meta en 9 semanas o menos!*

Libro 3: *Titán 10K: ¡Ve más allá de los 5K en 6 semanas o menos!*

Libro 4: *Guía de Medio Maratón para Principiantes: ¡Una solución simple de paso a paso para llevarte a la línea de meta en 12 semanas!*

<u>**Proximamente:**</u>

Libro 5: *¡Motivador para maratones!: ¡Una solución simple de paso a paso para llevarte a la línea de meta en 20 semanas!*

Por qué escribí este libro

Escribí este libro para cualquier persona con un deseo ardiente de comenzar a correr. La compilación de 26 razones por las cuales los corredores principiantes Fallan te mantendrá alejado de los errores comunes de funcionamiento evitables. Si puedo ayudar al menos a una persona a evitar una lesión y buscar un pasatiempo para correr, entonces todo el tiempo puesto en este libro valdrá la pena.

Diseñé este libro para cualquier persona que desee correr y ponerse en forma, correr competitivamente o simplemente cambiar de rutina de ejercicios. Este libro no pretende ser una guía para corredores experimentados. Sin embargo, podría haber algo que el corredor experimentado pueda aprender de él.

Espero que este libro te mantenga a salvo y sin lesiones en los años venideros. La mejor de las suertes en tu camino hacia el éxito.

Lesiones y Condiciones Médicas

Si tienes lesiones relacionadas con deportes, te sugiero que consultes a un profesional médico para determinar si estás en condiciones de correr. No buscar asesoramiento médico podría agravar aún más una lesión existente. No soy un profesional legal o médico, ni estoy ofreciendo ningún tipo de asesoramiento legal o médico. Una última vez, si estás lesionado o tienes condiciones médicas que pueden impedirte realizar un riguroso programa de entrenamiento, busca la opinión de un médico con licencia antes de participar en cualquier entrenamiento físico. Si bien el entrenamiento requerido para un medio maratón no es tan difícil como el entrenamiento para un maratón completo, seguirá impulsando tus capacidades mentales y físicas.

Que hay en este libro

Furia 5K cubrirá los fundamentos básicos de lo que se requiere para completar un 5K. Este libro no cubrirá ninguna técnica de ejecución avanzada. Su público objetivo son los corredores principiantes que quieren asumir el desafío de sus primeros 5K.

Suposiciones

Antes de profundizar en este libro, asumo lo siguiente:

• Tienes ganas de caminar o correr tus primeros 5K.

• Te apegarás a un horario de capacitación que se proporciona en este libro o en otro lugar.

• Puedes caminar al menos dos millas consecutivas sin quedarte sin aliento. Qué tan rápido los camines no importa.

Si tienes problemas para caminar una milla sin quedarte sin aliento, te recomiendo que trabajes hasta 1 milla antes de seguir el entrenamiento de este libro. Puedes seguir leyendo este libro primero, pero yo seguiría el programa a continuación hasta que pueda caminar al menos una milla sin estar sin aliento o dolorido.

Semana #	Entrenamiento
1	Camina 3 días a la semana durante un mínimo de 10 minutos o 0.5 millas.
2	Camina 3 días a la semana durante un mínimo de 20 minutos o 1 milla.
3	Camine 3 días a la semana durante un mínimo de 30 minutos o 1.5 millas.
4	Camina 3 días a la semana durante un mínimo de 40 minutos o 2.0 millas.

El entrenamiento mencionado anteriormente se puede ajustar para satisfacer tus necesidades. Si ya puedes caminar una milla, ajusta según corresponda. La parte más importante del pre-entrenamiento es acondicionar el cuerpo para caminar o recorrer la distancia de un 5K. Con eso en mente, tómalo bien y despacio. Una vez que puedas caminar al menos 2 millas en una sesión de capacitación, puedes continuar con el plan de capacitación principal que se encuentra en la última sección de este libro.

Paso 1: Elige una Fecha de Carrera

Razón #1 Por que los corredores no completan un 5K

Si tuviera que elegir la razón número uno por la cual los corredores no completan un 5K, tendría que decir que no seleccionan con cuidado una fecha de carrera. Sin una fecha de carrera, no has creado un objetivo continuo para tirar más allá del objetivo de intentar correr 3.1 millas. Después de seleccionar la fecha de carrera, la razón número dos para no completar un 5K sería el no inscribirse en la fecha de carrera que seleccionó.

Establecer la Fecha de Entrenamiento

Después de seleccionar la fecha de tu carrera, cuéntale al mundo sobre tu objetivo de terminar un 5K. Dile a tu compañero de carrera, si tienes uno, y lo más importante, a tú mismo. Escribe el objetivo. Envíate un correo electrónico. Programe un mensaje de texto para felicitarte por comenzar el programa de capacitación. Una vez que hayas determinado la fecha de carrera, debes contar hacia atrás para determinar cuándo debe comenzar la fecha de inicio de entrenamiento de 5 K.

Por ejemplo, si tu carrera fuese el sábado, 25 de noviembre de 2017, contaría hacia atrás 9 semanas en las que colocaría la semana de inicio el lunes 25 de septiembre de 2017.

Seleccionando la Carrera

Elegir una temporada favorable y seleccionar un curso plano aumentará tu experiencia general de carrera. En Texas, la primavera y el otoño son buenos momentos para correr. California es un lugar ideal para entrenar y competir debido al buen clima durante todo el año. Muchos otros estados son buenos lugares para correr también. Para un corredor por primera vez, quiero que tengas una experiencia de carrera positiva. No recomiendo tu primer 5K en un entorno en el que la temperatura sea superior a 80 grados. El calor excesivo disminuirá la velocidad y aumentará el tiempo total de acabado.

Para obtener una lista de las carreras de 5 km, visita el sitio web Running In The USA.

Pasos a seguir

- Selecciona la fecha de carrera.
- Regístrate para la carrera.

Paso 2: Prepárate para Correr

Mentalidad del Corredor

Superar el miedo a correr es uno de los mayores obstáculos para completar cualquier carrera. Te voy a contar un gran secreto que me ayudó a superar mi miedo a tener que huir. El secreto es que no tienes que correr toda la carrera. Guau, qué secreto. Es verdad. Habrá muchos participantes en un 5K que correrán toda la carrera y no se detendrán ni por agua. Si este es tu objetivo, ¡genial! Si solo quieres cruzar la línea de meta sin importar caminar o correr o una combinación de ambos, ¡eso también funciona! Una vez que me di cuenta de que no tienes que correr toda la distancia, el miedo a correr desapareció, al instante. Mi mente había encontrado una grieta en la armadura. De ninguna manera soy un súper atleta, solo una persona promedio con altas creencias de que podría correr. Espero que esto te anime a terminar tus primeros 5K sin importar tu edad. Si yo puedo hacerlo, tú también puedes.

Para un pequeño grupo de corredores, se puede completar un 5K o un 10K con poco o ningún entrenamiento. La cantidad de entrenamiento necesaria depende en gran medida de la edad, estado de salud y estado físico. Para la mayoría de los corredores nuevos, seguir un plan de entrenamiento te hará llegar a tu objetivo más rápido y sin lesiones mejor que simplemente volar. Protégete de comentarios como "realmente no puedes decir que terminaste un 5K si no lo corres". ¡Tonterías! Ponte tu armadura a prueba de balas y ve hacia adelante. Lo único que te pido a partir de hoy es comenzar a decirte que te estás entrenando para un 5K. Ya no estás corriendo por el ejercicio. Estás corriendo para entrenar a tu cuerpo para completar tus primeros 5K.

Muchas cosas de las que hablo en este libro son solo mi opinión. Cada programa de entrenamiento discutido en este libro ha sido utilizado por mí en un punto de mi carrera profesional, comenzando con 5K a través de un maratón. Hay varias escuelas de pensamiento diferentes en lo que respecta a la cantidad de carreras por semana que se necesita para entrenar en cada carrera. Existen diferentes guías de nutrición, estrategias de calzado, millas recorridas por semana, etc. Cuando se trata de los horarios de entrenamiento, no hay un horario para todos los gustos. Algunas cosas funcionan mejor para otras personas, y algunas cosas funcionarán mejor para ti. Sin embargo, hay una cosa en común acordada por casi todos los corredores: tienes que creer en ti mismo y creer que eres un corredor. Sin esto firmemente arraigado en tu cabeza, te expones a la capacidad de tu mente para vencer tu fuerza de voluntad. Al decirte a ti mismo que eres un corredor, es casi como si permitieras que tu mente le diga a tu cuerpo que eres un corredor lo cual su vez libera tensión acumulada que rodea la idea de correr. No te estoy diciendo esto para desanimarte. Te estoy diciendo esto para prepararte para la batalla mental de correr. ¿Habrá días en que tu mente se acerque sigilosamente y ataque tu motivación? Por supuesto, habrá. Decir que eres un corredor, sin embargo, ayudará a minimizar estos ataques furtivos de la mente. Una semana a la vez, un día a la vez, una milla a la vez, y un paso a la vez lo llevará a la línea de meta.

El Poder de las Afirmaciones

Cuando entrené por primera vez para mis carreras de 5k y 10k, no tenía conocimiento previo de afirmaciones. Las afirmaciones son frases de acción positiva que te repites diariamente para lavarte el cerebro. Hice una lista de afirmaciones que repetí diariamente mientras entrenaba para las carreras. Cada vez antes de correr me decía a mí mismo estas afirmaciones:

- Soy un corredor.
- Estoy entrenando para un 5K.
- Voy a completar mi entrenamiento 5K.
- Voy a cruzar la línea de meta.

Después de terminar una carrera larga, llevaría las afirmaciones un paso más allá y me visualizaría a mí mismo cruzando la línea de meta de 5 km.

Le atribuí la mayor parte de mi éxito a creer en mí mismo y saber que el fracaso no era una opción. Al repetir las afirmaciones diarias, puedes engañar a tu mente para que logre casi cualquier cosa. Las afirmaciones pueden parecer un poco infantiles. Sin embargo, funcionan si eres fiel a ti mismo y a tu nivel de compromiso. Las afirmaciones pueden ser cualquier cosa que quieras que sean, niñez antigua sueños, nuevas experiencias, etc. El poder está en la afirmación y escuchándote a ti mismo decirlas. Pruébelas por una semana y vea qué pasa.

Tómate un momento y escribe una lista de al menos cinco afirmaciones. Titula la lista "Afirmaciones para correr". Revisa esta lista todos los días, especialmente justo antes de salir a correr.

Motivación

¿Por qué algunas personas terminan maratones y otros no? Creo que todo se reduce a la automotivación y la determinación. La automotivación, aunque probablemente la más fuerte de cualquier otra forma de motivación, no es la única fuente de motivación. Hay varios tipos diferentes de motivación. Tres tipos de motivación que creo que son los más influyentes provienen de las redes sociales, los compañeros de carrera tú mismo.

Redes Sociales

Las redes sociales pueden ayudarte a mantenerte enfocado y motivado por tu círculo de amigos. Puedes publicar tiempos de carrera y capturas de pantalla de tus carreras en las redes sociales para que tu círculo de amigos pueda comentar y animarte. Las redes sociales te ayudarán a animarte cuando tengas un día en el que no quieras correr.

Compañeros de Carrera

Los Compañeros de Carrera son la mejor opción para ti, manteniéndote motivado. Ellos entrenan contigo. Ellos te dan feedback. Te ayudan a mantener el ritmo. Te empujan cuando no tienes más energía. Los compañeros también te ayudan a ser responsable de cumplir con tu objetivo.

Una advertencia para elegir un compañero de carreras es que, si carecen de automotivación, no serán de mucha ayuda para motivarte.

Tú mismo

La automotivación es, de lejos, la fuente más poderosa de motivación. Te conoces mejor que nadie. Estás acostumbrado a saber cómo funcionan tu mente y tu cuerpo. Si no te apetece correr un día, dite a ti mismo que solo recorrerás media milla. Después de correr media milla, dite a ti mismo que solo correrás una milla. Al esforzarte un poco, puedes engañar a tu mente para que corra.

Tu motivación podría estar saludable y en forma. Además, podrías estar motivado solo para demostrarte a sí mismo que puedes terminar un 5K o donar para una causa digna. Cualquiera que sea la motivación, tú y solo tú terminarás la carrera.

Pasos a seguir

- Crea tus afirmaciones.

- Repite tus afirmaciones diariamente y antes de cada carrera.

Paso 3: Reúne el equipamiento de correr necesario

Zapatos

No escatimes en tus zapatos. ¿Podrías completar un 5K en Crocs? Por supuesto. ¿Lo recomiendo? No, especialmente si planeas correrlo. Yo invertiría algo de dinero en al menos un buen par de calcetines para correr y zapatillas para correr. Algunas de las mejores marcas de calzado para correr incluyen:

Adidas
Asics
Brooks
Nike
Mizuno
Saucony

Pronación

Dependiendo de cuál sea tu pronación, necesitarás un zapato que esté diseñado para brindar flexibilidad, estabilización o comodidad. Para determinar qué pronación tienes, puedes usar los pies mojados en la prueba de concreto. Simplemente sumerge tus pies en agua y da unos pasos rápidos a través del concreto. Toma una fotografía o simplemente estudia la marca de tu pie.

Muestra de pie completo – por encima - control de movimiento (pies planos)

Muestra de pie normal - normal - zapatos de estabilidad (promedio)

Arco apenas visible – por debajo - zapatos con almohadones (arco alto)

La pronación se vuelve más importante cuando comienzas a correr rutinariamente distancias mucho más largas, como 6 millas o más. Para un corredor principiante, es probable que puedas salir adelante con algunos zapatos acolchados promedio, a menos que ya sepas que tienes los pies planos. Si tienes los pies planos, entonces necesitas comprar zapatos de control de movimiento.

Ropa

Tus pantalones cortos y la camisa deben ser de corte relativamente holgado. Si hace calor, quizás prefieras ponerte una camiseta sin mangas para mantenerte fresco en tus carreras. Si hace frío afuera, debes vestirte para el clima en consecuencia. Sin embargo, incluso cuando hace frío afuera, después de que su cuerpo se haya calentado, querrás comenzar a quitarse la ropa. Si tienes una naturaleza afectuosa, como yo, lo mejor que puedes hacer en días de frío es correr en un circuito o loopback. Si corres en un circuito, puedes abandonar tu ropa después de calentarla y volver por la misma ruta y recogerla.

Calcetines

Encuentra un buen par de calcetines que no causen ampollas. Los calcetines Balega son conocidos por prevenir las ampollas. Son un poco caros, pero en mi opinión, valen cada centavo. Los calcetines Balega son ultraligeros por diseño, y ni siquiera notas que el calcetín está en tu pie la mayor parte del tiempo.

Algunos corredores preferirán calcetines de compresión. Los estudios han demostrado que los corredores que usan calcetines de compresión tienden a tener menos calambres y una mejor resistencia. La única advertencia es que los calcetines de compresión solo ayudan marginalmente hasta que te adentras en el recorrido de larga distancia de 5 millas o más. Los calcetines de compresión cubren la mayor parte de la pantorrilla y normalmente se sientan justo debajo de la rótula. Cualquier tipo de calcetín servirá, pero en mi opinión, para un 5K, ninguno es mejor que el otro, por lo que se reduce a preferencia personal.

Accesorios

Correr con un teléfono inteligente es una opción ideal para muchos corredores. En un teléfono inteligente, puedes escuchar música y seguir el tiempo de carrera y ritmo. Hay cientos de aplicaciones que puedes instalar en el teléfono para hacer esto. Couch 2 5K es probablemente una de las aplicaciones de carrera más populares para 5K. Si eliges correr con un teléfono inteligente, compraría un estuche con brazalete que puede sujetarse a tu antebrazo o brazo. Si quieres sostener tu teléfono en sus manos, yo alternaría las manos durante sus carreras cada milla o cada 5 minutos. Si usas continuamente la misma mano para sostener tu teléfono mientras corres, te estás abriendo a lesiones inadecuadas debido al peso adicional durante el ciclo de marcha. El ciclo de marcha es la locomoción que hacen las piernas y cuerpo para completar un paso de la pierna desde el despegue hasta el aterrizaje.

Los relojes deportivos Apple 2, los relojes Garmin VivoActive y los Fitbits son alternativas para llevar tu teléfono a correr. Una desventaja es que no tienes un teléfono en caso de emergencia y el otro es que no tienes música para escuchar. Una solución es comprar un pequeño reproductor de MP3, como un reproductor de MP3 deportivo Sandisk con clip, y cargarlo con MP3.

Actualmente corro con Garmin VivoActive HR y un reproductor de MP3 Sandisk. No me gusta el volumen y el peso extra de un teléfono inteligente. De nuevo, esto se reduce a las preferencias y qué tipo de accesorios quieres.

Otros

Cuando corro, tengo que usar gafas de sol. Las gafas de sol hacen lo obvio al ayudar a reducir el sol en tus ojos. Sin embargo, creo que sirven para un segundo propósito igual. Las gafas de sol ayudan a bloquear el viento en tus ojos. En un día ventoso, podrías necesitar gafas de sol para ayudar a evitar que tus ojos se irriten cuando corras.

Sudo mucho cuando corro, así que tengo que usar una banda en la cabeza. Las mujeres que tienen cabello largo probablemente querrán atar su cabello cuando corran.

Lo que es más importante, si hace sol, no olvides tú protector solar.

Pasos a seguir

● Compra calcetines y zapatos.

● Compra algo de ropa para correr si no tienes ninguna.

● Usa una aplicación o un dispositivo portátil para seguir el tiempo y ritmo.

Paso 4: Postura apropiada para correr

La tensión es el enemigo del corredor

La tensión corporal es tu enemigo. Cuando tu cuerpo está tenso, estás gastando energía extra porque tu cuerpo tiene que mantener los músculos en esa posición flexionada. Intenta relajar los hombros y concéntrate en respirar durante un par de ciclos. Al respirar normalmente, ayudarás a aliviar la tensión en el cuerpo en cuestión de segundos.

Golpes de pie

Tus pies necesitan moverse en pasos cortos y rápidos y aterrizar debajo de tus caderas. Tus pies no deberían caer en frente de tus caderas.

Muchos estudios diferentes han intentado brindar evidencia científica sobre dónde debe aterrizar con el pie mientras corres. Hay tres ubicaciones diferentes en los pies donde ocurre el impacto de pie a tierra. El ante pie, el medio pie y el talón. Si alguna vez te tomas el tiempo de investigar el tema, verás exactamente qué tan conflictivos son los informes sobre el tema. En mi opinión, creo que no hay diferencia en cuanto a dónde debe aterrizar el pie. La ubicación ideal para aterrizar es el medio. Los delanteros del talón tienen una tendencia levemente más alta a la sobre-zancada, que no es buena. Como nuevo corredor, no me preocuparía demasiado por este tema, especialmente si solo estás corriendo un 5K por ahora. Si comienzas a sentir dolor extremo o si correr se vuelve extremadamente doloroso en áreas de los pies, querrás que tu ciclo de marcha sea analizado por una tienda.

Brazos

La mayoría de los corredores no piensan acerca de en donde deberían colocar sus manos durante una carrera. Tus brazos deben oscilar hacia adelante y hacia atrás de forma natural sin apretar los puños y acercándolos al cuerpo. Los brazos nunca deben alcanzar más de 90 grados en la parte superior de tu cuerpo. Para una mejor práctica, los brazos no deben elevarse por encima de su ombligo al alza.

Cabeza

Trata de mantener tu cabeza levantada. Podrás correr más lejos, permitiendo que tu respiración entre y salga con facilidad. Si tu cabeza está aplastada contra tu pecho, como ves algunos corredores, no estás liberando tanto dióxido de carbono como deberías, haciendo que tu respiración se vuelva más difícil. Cuando tu cabeza se levanta y mira hacia adelante, las vías respiratorias están en una posición óptima.

Pecho

El cuerpo debe estar ligeramente inclinado hacia delante con cualquier impulso apoyado en el movimiento de avance. Tu respiración debe ser una respiración profunda mientras corres entre 10 y 14 pasos.

Espalda

Mantén la espalda recta y en posición vertical. Relaja tus hombros. No estires la espalda en la medida en que sea una tabla, lo que alimenta la tensión.

No-Nos

Si notas que tienes un rebote en el paso, necesitas que alguien te grabe para que puedas verlo corriendo. Cuanto más rebotes en el paso, más impacto crearás para el pie de aterrizaje después del despegue. Es una buena idea ver corredores de élite al frente de la manada correr una carrera. Notarás que la mayor parte de su carrera casi parece deslizarse. Sus pies están extremadamente cerca del suelo, y sus cuerpos no brincan hacia arriba y hacia abajo con cada zancada. Si tiendes a rebotar cuando estás corriendo, entonces tu cuerpo está en desventaja. Tu cuerpo y energía se desgastarán más rápido que alguien que corre con una oscilación vertical mínima (rebote en el paso).

Pasos a seguir

- Cabeza arriba

- Pecho hacia afuera, con el cuerpo ligeramente inclinado hacia adelante.

- Espalda recta.

- Los brazos deben oscilar de forma natural, no por encima del ombligo.

- Relaja tus hombros.

- Tus pies deben caer sobre tu cadera, no al frente.

- No te excedas en las zancadas.

- No rebotes mientras corres.

Paso 5: Calentamiento y Enfriamiento

Calentamiento

Calentar para un 5 k tardará menos de 5 minutos. No deseas realizar estiramientos estáticos antes de correr a menos que estés rígido o dolorido. Si estás dolorido, esto puede ser causado por un estiramiento inadecuado después de tu última carrera. Recuerda usar un rodillo de espuma como parte de tu rutina de enfriamiento para ayudar a aliviar el dolor y la rigidez.

Los estiramientos dinámicos pueden incluir:
- Cambios de pierna
- Elevaciones de rodilla
- Estocadas caminando
- Trote ligero

Enfriamiento

El enfriamiento y el estiramiento correctos son tan
importantes como el calentamiento. Yo uso las siguientes
pautas de enfriamiento. Estas son las distancias mínimas
que camino después de mis carreras. La mayoría de las
veces camino dos millas después de cada carrera para
poder desenrollar mis piernas y estirarme.

Distancia Recorrida	Enfriamiento (millas)
1-3	0.5
4-6	1
7-9	1.25
10-12	1.5

Al realizar un estiramiento estático, debes mantener y
soltar. No rebotes mientras mantienes el estiramiento.
Mantén el estiramiento entre 20 segundos y 2 minutos.
Estira y usa el rodillo de espuma para aliviar el dolor.

Los estiramientos estáticos pueden incluir:
- Quad de pie
- Levantamiento de pantorrillas
- Rotaciones de cadera
- Pantorrillas en la pared
- Tendón de la corva doblado

Descanso

Se necesita un descanso adecuado tanto como las horas de carrera reales y las millas de entrenamiento. Después de tus carreras, tu cuerpo necesita tiempo para reconstruir y reparar el daño recibido durante tus carreras. Le toma a tus piernas hasta 24 horas después de cada carrera más de 2 millas para recuperarse. Tu cuerpo continúa desarrollando músculos durante el resto de las carreras de la semana. Dependiendo de la edad, deberías dormir lo suficiente cada noche. En promedio, el adulto humano necesita entre 7 y 8 horas de sueño. Durante su entrenamiento, debes obtener al menos 7 horas de sueño por noche.

Pasos a seguir

• Antes de correr, solo realiza el estiramiento dinámico a menos que aún sientas dolor después de realizar los estiramientos.

• Después de correr, querrás realizar varios estiramientos estáticos de retención y liberación para ayudar al cuerpo a recuperarse.

• Descansa adecuadamente durante el ciclo de entrenamiento.

Paso 6: Come como un corredor

Pre-Carrera

Antes de tus carreras, tendrás que acostumbrarte a comer al menos dos horas antes de correr. Si comes un burrito e inmediatamente intentas correr durante treinta minutos, tu cuerpo puede estar en desacuerdo con tu decisión.

Tu comida previa a la carrera debería incluir algunos carbohidratos, como un par de pedazos de pan o una barra de energía. Bebe sorbos de agua pero evita la tentación de engullir 12 onzas justo antes de correr.

Post-Carrera

Después de tus carreras debes reponer tu cuerpo con algo ligero como un plátano, una manzana o un ligero batido de proteínas. Bebe agua y evita beber Gatorade por completo. Gatorade tiene un propósito, pero no es vital para carreras de corta distancia a menos que pierdas mucho líquido a través de la sudoración. Se necesita un reemplazo de electrolitos y sodio cuando corras carreras más largas, como medias maratones, porque tu cuerpo suda más sodio.

Pérdida de peso

Si una de las otras razones principales para correr un 5K es perder peso, entonces debes prestar mucha atención a lo siguiente. Nada ha cambiado en la comunidad científica acerca de perder peso y aumentar de peso. El cuerpo, a diario, necesita entre 2000 y 2500 calorías al día para mantener el peso actual. Habiendo dicho eso, te sorprendería saber cuántos corredores nuevos correrán 1 o 2 millas y luego consumirán una hamburguesa doble con queso y papas fritas. La pérdida de peso no funciona de esta manera. Vamos a desglosar dos ejemplos:

Para perder una libra de peso tienes que quemar 3.500 calorías. La única forma de aumentar la velocidad a la que quemas calorías, sin suplementos artificiales, es consumir menos calorías o quemar más calorías.

Afortunadamente, hay toneladas de aplicaciones en el mercado que te ayudarán a lograr esto. Living Strong, My Fitness Pal, Lose it!, y muchos otros.

Ejemplo #1 – Ganando peso

La ingesta calórica diaria recomendada de Sally es de alrededor de 2000 calorías. Todas sus comidas del día equivalen a 2,600 calorías. Ella logra correr 3 millas al día, quema alrededor de 150 calorías por milla. Su excedente calórico total sería de 150 calorías.

+ 2,600 calorías consumidas

- 2,000 presupuesto calórico

-    450 calorías quemadas al correr

---

150 calorías excedentes (un **aumento de peso** marginal)

Si continúa este patrón de alimentación diaria todos los días durante dos semanas, habrá ganado aproximadamente 1/2 libra.

(150 calorías * 14 días = 2.100 calorías. Para perder 1 libra de peso corporal, debe quemar 3.500 calorías).

Ejemplo #2 – Perdiendo Peso

La ingesta calórica diaria recomendada de Susan es de alrededor de 2300 calorías. Todas sus comidas del día equivalen a 2.450 calorías. Ella logra correr 3 millas por el día, quema alrededor de 150 calorías por milla. Su déficit calórico total sería de 250 calorías.

+ 2,450 calorías consumidas

- 2,300 presupuesto calórico

- 450 calorías quemadas al correr

---

250 calorías de déficit (una **pérdida de peso** marginal)

Si continúa este patrón de alimentación diaria todos los días durante dos semanas, habrá perdido aproximadamente 1 libra.

(250 calorías déficit * 14 días = 3.500 calorías. Para perder 1 libra de peso corporal, tiene que quemar 3.500 calorías).

Pasos a seguir

- Pre-carrera: consuma carbohidratos livianos como pan o una barra de proteína.

- Post-carrera: come algo de fruta o un batido de proteínas.

- Para perder peso, debes consumir menos calorías o quemar más calorías.

Paso 7: Horario de entrenamiento

Entrenamiento – Semana 1

Lunes	**Descansa.** Tómalo con calma. No corras. Si necesitas hacer ejercicio, te recomiendo caminar por no más de 30 minutos.
Martes	<u>**Camina 4 minutos y corre 1 minuto. Repite 6 veces**</u>
Miércoles	<u>**Camina 4 minutos y corre 1 minuto. Repite 6 veces**</u>
Jueves	<u>**Camina 4 minutos y corre 1 minuto. Repite 6 veces**</u>
Viernes	**Descansa.** Los viernes son días de descanso importantes. Para que tus músculos se fortalezcan, necesitan descansar. Siéntate libre de caminar algunas millas. Trata de no beber alcohol la noche anterior al sábado. Las primeras cuatro semanas son bastante fáciles. La semana cinco y más allá se vuelven cada vez más difíciles.
Sábado	<u>**Camina 3 minutos y corre 2 minutos. Repite 6 veces**</u>
Domingo	**Descanso.** Para corredores principiantes, este día debe mantenerse en un día de descanso suave. Si tu cuerpo se siente bien, realiza algún tipo de entrenamiento cruzado durante 30 a 60 minutos.

Martes, Miércoles, Jueves, Sábados: si puedes
conversar fácilmente con alguien, entonces estás
corriendo al ritmo adecuado. Cuando camines, trata de
mantener un ritmo no más lento que 15 minutos / milla
(4 mph).

Entrenamiento – Semana 2

Lunes	**Descansa.** Tómalo con calma. No corras. Si necesitas hacer ejercicio, te recomiendo caminar por no más de 30 minutos.
Martes	**Camina 3 minutos y corre 2 minutos. Repite 6 veces**
Miércoles	**Camina 3 minutos y corre 2 minutos. Repite 6 veces**
Jueves	**Camina 3 minutos y corre 2 minutos. Repite 6 veces**
Viernes	**Descansa.** Los viernes son días de descanso importantes. Para que tus músculos se fortalezcan, necesitan descansar. Siéntate libre de caminar algunas millas. Trata de no beber alcohol la noche anterior al sábado. Las primeras cuatro semanas son bastante fáciles. La semana cinco y más allá se vuelven cada vez más difíciles.
Sábado	**Camina 3 minutos y corre 2 minutos. Repite 6 veces**
Domingo	**Descanso.** Para corredores principiantes, este día debe mantenerse en un día de descanso suave. Si tu cuerpo se siente bien, realiza algún tipo de entrenamiento cruzado durante 30 a 60 minutos.

Martes, Miércoles, Jueves, Sábados: si puedes
conversar fácilmente con alguien, entonces estás
corriendo al ritmo adecuado. Cuando camines, trata de
mantener un ritmo no más lento que 15 minutos / milla
(4 mph).

Entrenamiento – Semana 3

Lunes	**Descansa.** Tómalo con calma. No corras. Si necesitas hacer ejercicio, te recomiendo caminar por no más de 30 minutos.
Martes	**Camina 3 minutos y corre 2 minutos. Repite 6 veces**
Miércoles	**Camina 2 minutos y corre 4 minutos. Repite 3 veces**
Jueves	**Camina 3 minutos y corre 2 minutos. Repite 6 veces**
Viernes	**Descansa.** Los viernes son días de descanso importantes. Para que tus músculos se fortalezcan, necesitan descansar. Siéntate libre de caminar algunas millas. Trata de no beber alcohol la noche anterior al sábado. Las primeras cuatro semanas son bastante fáciles. La semana cinco y más allá se vuelven cada vez más difíciles.
Sábado	**Camina 3 minutos y corre 2 minutos. Repite 6 veces**
Domingo	**Descanso.** Para corredores principiantes, este día debe mantenerse en un día de descanso suave. Si tu cuerpo se siente bien, realiza algún tipo de entrenamiento cruzado durante 30 a 60 minutos.

Martes, Miércoles, Jueves, Sábados: si puedes conversar fácilmente con alguien, entonces estás corriendo al ritmo adecuado. Cuando camines, trata de mantener un ritmo no más lento que 15 minutos / milla (4 mph).

Entrenamiento - Semana 4

Lunes	**Descansa.** Tómalo con calma. No corras. Si necesitas hacer ejercicio, te recomiendo caminar por no más de 30 minutos.
Martes	**Camina 2 minutos y corre 3 minutos. Repite 6 veces**
Miércoles	**Camina 2 minutos y corre 6 minutos. Repite 4 veces**
Jueves	**Camina 2 minutos y corre 3 minutos. Repite 6 veces**
Viernes	**Descansa.** Los viernes son días de descanso importantes. Para que tus músculos se fortalezcan, necesitan descansar. Siéntate libre de caminar algunas millas. Trata de no beber alcohol la noche anterior al sábado. Las primeras cuatro semanas son bastante fáciles. La semana cinco y más allá se vuelven cada vez más difíciles.
Sábado	**Camina 3 minutos y corre 8 minutos. Repite 2 veces**
Domingo	**Descanso.** Para corredores principiantes, este día debe mantenerse en un día de descanso suave. Si tu cuerpo se siente bien, realiza algún tipo de entrenamiento cruzado durante 30 a 60 minutos.

Martes, Miércoles, Jueves, Sábados: si puedes conversar fácilmente con alguien, entonces estás corriendo al ritmo adecuado. Cuando camines, trata de mantener un ritmo no más lento que 15 minutos / milla (4 mph).

Entrenamiento - Semana 5

Lunes	**Descansa.** Tómalo con calma. No corras. Si necesitas hacer ejercicio, te recomiendo caminar por no más de 30 minutos.
Martes	**Camina 2 minutos y corre 3 minutos. Repite 6 veces**
Miércoles	**Camina 1 minutos y corre 8 minutos. Repite 3 veces**
Jueves	**Camina 2 minutos y corre 3 minutos. Repite 6 veces**
Viernes	**Descansa.** Los viernes son días de descanso importantes. Para que tus músculos se fortalezcan, necesitan descansar. Siéntate libre de caminar algunas millas. Trata de no beber alcohol la noche anterior al sábado. Las primeras cuatro semanas son bastante fáciles. La semana cinco y más allá se vuelven cada vez más difíciles.
Sábado	**Corre 12 minutos**
Domingo	**Descanso.** Para corredores principiantes, este día debe mantenerse en un día de descanso suave. Si tu cuerpo se siente bien, realiza algún tipo de entrenamiento cruzado durante 30 a 60 minutos.

Martes, Miércoles, Jueves: si puedes fácilmente mantener una conversación con alguien, entonces estás corriendo al ritmo correcto. Cuando camines, trata de mantener un ritmo no más lento que 15 minutos / una milla (4 mph).

Sábados: las semanas 5-9 comenzarán a exceder tus límites. Duerme lo suficiente la noche anterior. A partir de esta semana, es importante recordar estirarse después de las sesiones. Si te cansas durante una carrera de mayor duración, camina durante 1/10 de milla o 2-3 minutos y luego vuelve a acelerar.

Entrenamiento – Semana 6

Lunes	**Descansa.** Tómalo con calma. No corras. Si necesitas hacer ejercicio, te recomiendo caminar por no más de 30 minutos.
Martes	**Camina 1 minutos y corre 6 minutos. Repite 6 veces**
Miércoles	**Camina 1 minutos y corre 10 minutos. Repite 3 veces**
Jueves	**Camina 1 minutos y corre 5 minutos. Repite 6 veces**
Viernes	**Descansa.** Los viernes son días de descanso importantes. Para que tus músculos se fortalezcan, necesitan descansar. Siéntate libre de caminar algunas millas. Trata de no beber alcohol la noche anterior al sábado. Las primeras cuatro semanas son bastante fáciles. La semana cinco y más allá se vuelven cada vez más difíciles.
Sábado	**Camina 3 minutos y corre 2 minutos. Repite 6 veces**
Domingo	**Descanso.** Para corredores principiantes, este día debe mantenerse en un día de descanso suave. Si tu cuerpo se siente bien, realiza algún tipo de entrenamiento cruzado durante 30 a 60 minutos.

Martes, Miércoles, Jueves: si puedes fácilmente mantener una conversación con alguien, entonces estás corriendo al ritmo correcto. Cuando camines, trata de mantener un ritmo no más lento que 15 minutos / una milla (4 mph).

Sábados: las semanas 5-9 comenzarán a exceder tus límites. Duerme lo suficiente la noche anterior. A partir de esta semana, es importante recordar estirarse después de las sesiones. Si te cansas durante una carrera de mayor duración, camina durante 1/10 de milla o 2-3 minutos y luego vuelve a acelerar.

Entrenamiento – Semana 7

Lunes	**Descansa.** Tómalo con calma. No corras. Si necesitas hacer ejercicio, te recomiendo caminar por no más de 30 minutos.
Martes	**Camina 1 minutos y corre 4 minutos. Repite 6 veces**
Miércoles	**Camina 1 minutos y corre 15 minutos. Repite 2 veces**
Jueves	**Camina 1 minutos y corre 4 minutos. Repite 6 veces**
Viernes	**Descansa.** Los viernes son días de descanso importantes. Para que tus músculos se fortalezcan, necesitan descansar. Siéntate libre de caminar algunas millas. Trata de no beber alcohol la noche anterior al sábado. Las primeras cuatro semanas son bastante fáciles. La semana cinco y más allá se vuelven cada vez más difíciles.
Sábado	**Corre 25 minutos**
Domingo	**Descanso.** Para corredores principiantes, este día debe mantenerse en un día de descanso suave. Si tu cuerpo se siente bien, realiza algún tipo de entrenamiento cruzado durante 30 a 60 minutos.

Martes, Miércoles, Jueves: si puedes fácilmente mantener una conversación con alguien, entonces estás corriendo al ritmo correcto. Cuando camines, trata de mantener un ritmo no más lento que 15 minutos / una milla (4 mph).

Sábados: las semanas 5-9 comenzarán a exceder tus límites. Duerme lo suficiente la noche anterior. A partir de esta semana, es importante recordar estirarse después de las sesiones. Si te cansas durante una carrera de mayor duración, camina durante 1/10 de milla o 2-3 minutos y luego vuelve a acelerar.

Entrenamiento – Semana 8

Lunes	**Descansa.** Tómalo con calma. No corras. Si necesitas hacer ejercicio, te recomiendo caminar por no más de 30 minutos.
Martes	**Camina 1 minutos y corre 4 minutos. Repite 6 veces**
Miércoles	**Corre 20 minutos.**
Jueves	**Camina 1 minutos y corre 4 minutos. Repite 6 veces**
Viernes	**Descansa.** Los viernes son días de descanso importantes. Para que tus músculos se fortalezcan, necesitan descansar. Siéntate libre de caminar algunas millas. Trata de no beber alcohol la noche anterior al sábado. Las primeras cuatro semanas son bastante fáciles. La semana cinco y más allá se vuelven cada vez más difíciles.
Sábado	**Corre 30 minutos**
Domingo	**Descanso.** Para corredores principiantes, este día debe mantenerse en un día de descanso suave. Si tu cuerpo se siente bien, realiza algún tipo de entrenamiento cruzado durante 30 a 60 minutos.

Martes, Miércoles, Jueves: si puedes fácilmente
mantener una conversación con alguien, entonces estás
corriendo al ritmo correcto. Cuando camines, trata de
mantener un ritmo no más lento que 15 minutos / una
milla (4 mph).

Sábados: las semanas 5-9 comenzarán a exceder tus
límites. Duerme lo suficiente la noche anterior. A partir
de esta semana, es importante recordar estirarse después
de las sesiones. Si te cansas durante una carrera de mayor
duración, camina durante 1/10 de milla o 2-3 minutos y
luego vuelve a acelerar.

Entrenamiento – Semana 9

Lunes	**Descansa.** Tómalo con calma. No corras. Si necesitas hacer ejercicio, te recomiendo caminar por no más de 30 minutos.
Martes	**Camina 3 minutos y corre 2 minutos. Repite 6 veces**
Miércoles	**Camina 2 minutos y corre 10 minutos. Repite 3 veces.**
Jueves	**Descansa.** Es la semana de la carrera. Guarda tu energía para los 5K
Viernes	**Descansa.** Es la semana de la carrera. Guarda tu energía para los 5K. No tomes alcohol la noche anterior de tus 5K.
Sábado	**Dia de la carrera**
Domingo	**Descansa.**

Martes, Miércoles: si puede mantener una conversación fácilmente con alguien, entonces estás corriendo al ritmo adecuado. Cuando camines, trata de mantener un ritmo no más lento que 15 minutos / milla (4 mph). Duerme lo suficiente. A partir de esta semana, es importante recordar estirar después de las sesiones. Si te cansas durante una carrera de mayor duración, camina durante 1/10 de milla o 2-3 minutos y luego vuelve a acelerar

Jueves, Viernes: Descansa ambos días. No corras. Duerme lo suficiente las próximas dos noches antes de tu carrera del sábado.

Furia 5K – Programa de Entrenamiento

Semana #	Lunes	Martes	Miércoles	Jueves	Viernes	Sábado	Domingo
1	Descansa	(CA4/CO1)*6	(CA4/CO1)*6	(CA4/CO1)*6	Descansa	(CA3/CO2)*6	Descansa
2	Descansa	(CA3/CO2)*6	(CA3/CO2)*5	(CA3/CO2)*6	Descansa	(CA3/CO2)*6	Descansa
3	Descansa	(CA3/CO2)*6	(CA2/CO4)*3	(CA3/CO2)*6	Descansa	(CA3/CO6)*3	Descansa
4	Descansa	(CA2/CO3)*6	(CA2/CO6)*4	(CA2/CO3)*6	Descansa	(CA3/CO8)*2	Descansa
5	Descansa	(CA2/CO3)*6	(CA1/CO8)*3	(CA2/CO3)*6	Descansa	CO12	Descansa
6	Descansa	(CA1/CO4)*6	(CA1/CO10)*3	(CA1/CO4)*6	Descansa	CO18	Descansa
7	Descansa	(CA1/CO4)*6	(CA1/CO15)*2	(CA1/CO4)*6	Descansa	CO25	Descansa
8	Descansa	(CA1/CO4)*6	CO20	(CA1/CO4)*6	Descansa	CO30	Descansa
9	Descansa	(CA3/CO2)*6	(CA2/CO10)*3	Descansa	Descansa	5K	Descansa

(i.e. (CA2/CO6) * 6 = Caminar 2 minutos / Correr 6 minutos repetir 6 veces).

Un programa de entrenamiento resumido y una hoja de registro se pueden descargar a continuación GRATIS:

Ve a la dirección web:
http://geni.us/5KResources

Pasos a seguir

- Cumple con tu horario de entrenamiento.

- Si no puedes correr en un día determinado, cambia tu horario y no te preocupes.

- Continúa caminando durante al menos 10 minutos después de una sesión de carrera.

- El entrenamiento cruzado te ayudará a mantenerte activo en los días sin correr.

- Una caminata de 30 a 60 minutos es una excelente fuente de entrenamiento cruzado.

Paso 8: Relájate el día anterior a la carrera

La noche antes de la carrera

A mucha gente le resultará difícil dormir lo suficiente la noche anterior a su primer 5K. Algunos corredores correrán algunas millas ligeras el día antes de la carrera. Alista tu equipo de carrera para que esté listo por la mañana. Este equipo incluye ropa, equipos tecnológicos, aguas, geles, paquetes de hidratación, botellas de agua, zapatos para correr, babero, gafas de sol, bloqueador solar, banda para la cabeza y calcetines. Si recoges el paquete de su corredor de carreras temprano, continúa y anota el número de la competencia en tu camisa o pantalones cortos. No tomes alcohol. Si bebes alcohol, limítate a algunas bebidas. Tu cuerpo te lo agradecerá el día de la carrera.

Pasos a seguir

- Alista todo el equipo, incluida la ropa, el agua, el teléfono, la caja del teléfono Garmins y Fitbits.

- Adjunte su número de dorsal a su ropa.

- Conoce qué ruta va a tomar para la carrera.

- Mantente hidratando.

- La última cena antes de la carrera no debería ser una gran comida.

- Obtén al menos 7 horas de sueño (puede ser difícil hacerlo debido a la ansiedad).

- Si te estás poniendo nervioso o inquieto, ve por una milla o dos a pie.

Paso 9: En marcha – Es el día de la carrera

Día de la carrera

El día finalmente ha llegado. Despierta un par de horas antes de la hora de inicio de la carrera. (Sí, sé que es temprano). Come una comida pequeña tan pronto como te despiertes. Esta comida debe contener algunos carbohidratos, como un panecillo o una tostada con mantequilla de maní, tal vez unos pocos huevos y agua. Evita los alimentos con alto contenido de fibra. Bebe una taza o dos de café y aproximadamente 12 onzas de agua antes de la carrera. Continúa sorbiendo agua antes de la carrera. Recuerda que no quieres un estómago revuelto, así que no bebas demasiado.

Cuando los corredores comienzan a alinearse para la carrera, debes elegir la ubicación de inicio correcta en el grupo. ¡No te alinees al frente de la línea de salida a menos que vayas a correr el 5K rápido! Si no planeas correr el 5K rápido, necesitas estar alejado de la línea de partida. Podrían salirte en estampida o lastimar a alguien más si intentas estar al frente de la línea y no correr rápido. Los corredores de ritmo más lento, como los caminantes, deben estar en la parte posterior de la cola. Los corredores de ritmo promedio deben ubicarse en el medio de la manada, aproximadamente entre el primer 20% y el 60% de los corredores. He pensado, en muchas

ocasiones, que estaba en el lugar correcto en algún lugar
en el medio, y estaba equivocado. Tuve que pasar a
muchas personas realizando carreras de todo tipo solo
para salir del fango. Los corredores en la cola están
planeando caminar a un ritmo mucho más lento. Si
necesitas reducir la velocidad, debes moverte a la derecha
del curso.

Tu sangre está bombeando, la cafeína está dando
patadas, y el locutor está contando los últimos diez
segundos antes de la carrera. Oyes el arma anunciando el
comienzo de la carrera y comienzas a correr mucho más
rápido de lo que entrenaste. Tómatelo con calma fuera de
la puerta. Conserva tu energía. Un ritmo constante e
incluso igual al de tu entrenamiento te llevará a la línea de
meta. Notarás que tu ritmo por milla será más rápido que
tu ritmo de entrenamiento. La emoción, la adrenalina y
los aspectos competitivos de la carrera se suman
naturalmente a la energía que surge a través de su cuerpo.
Por lo tanto, tómatelo con calma al principio y corre al
ritmo que has entrenado en las últimas 9 semanas.

Pasos a seguir

<u>Día de la carrera:</u>
- Despierta al menos dos horas antes de la carrera.
- Come tan pronto como te levantes. La avena, las barritas energéticas y los plátanos son excelentes fuentes de alimentos.
- Bebe un poco de cafeína 1-2 horas antes de la carrera.
- Siga bebiendo agua hasta la carrera.
- No consumas mucha agua. Si tu estómago está dando vueltas, bebiste demasiado, usa el baño.
- Llega a la carrera un poco temprano si es posible solo en caso de tráfico.

<u>La carrera:</u>

- Corre como has entrenado, y terminarás la carrera.
- Recuerda que no tienes que correr toda la carrera. Reduce la velocidad a una caminata enérgica en las estaciones de agua / socorro durante 1/10 milla o 2 minutos y luego vuelve a acelerar.

Paso 10: Relájate después de la carrera

Post-Carrera

Tu cuerpo está exhausto, y quizás te sientas un poco emocional en este momento, agarrándote a tu nueva y brillante medalla, pero no te sientes cuando cruces la línea de meta. Como mínimo, sigue caminando durante otros 5-10 minutos. Si tu cuerpo así lo desea, trota a un ritmo ligero durante otros 2-5 minutos. Toma algo para beber con electrolitos si es posible. Necesitas comer algo por lo menos una hora después de tu carrera, para ayudar a reponer tu cuerpo con nutrientes y líquidos.

Si estás preparado, puedes tomar una cerveza o dos. Bebe mucha agua y mantente hidratado durante los próximos días. A veces, una recuperación realizada al día siguiente de tu carrera te ayudará a estirar algunos de tus músculos doloridos en las piernas. La recuperación debe realizarse a un ritmo ligero y no durar más de treinta minutos.

Evitaría correr durante al menos 2-3 días para que tus piernas se recuperen. Si las piernas todavía están muy adoloridas después de 3 días, camina unas cuantas millas por día hasta que los músculos se relajen antes de comenzar a entrenar nuevamente.

Pasos a seguir

Post-Carrera:

● No dejes de moverte en la línea de meta.

● Sigue caminando de 10 a 20 minutos después de la carrera.

● Toma una bebida deportiva y algo de comida, como un plátano, yogur o pan.

● Posa para fotos y disfruta de tu nueva y brillante medalla.

● Estira tus músculos en consecuencia.

● No corras durante al menos 2-3 días.

Furia 5K

<u>Conclusión</u>

Felicidades

Date una palmadita en la espalda si has completado tus primeros 5K. No importa cuánto tiempo te tomó terminar tu carrera, recuerda que hiciste algo increíble hoy mientras otras personas se sentaron en el sofá. ¡Felicitaciones!

Dolores y calambres

Dolores que hacen que quieras dejar de correr.
Estos son diferentes a los dolores menores y la rigidez
que obtienes durante tu carrera. Muchas carreras tuve que
parar y estirarme para aliviar la rigidez. De hecho, mis
músculos no están completamente calientes hasta la milla
número 2. Todavía tengo dolores que detienen por
completo mi carrera.

Al igual que con cualquier actividad física, no hay dos
personas exactamente iguales. La información
proporcionada es un ejemplo y una guía, no una regla
absoluta que debes seguir. Adapta cualquier cosa a tu
estilo para satisfacer tus necesidades como corredor. Los
dos consejos más importantes que me dieron se corrieron
de forma natural y respiraron hondo. Estos consejos me
ayudaron durante las carreras de larga duración que
pueden requerir un esfuerzo real para completar.

Ayuda a un autor

¡Gracias por leer! Si has disfrutado este libro, por favor déjame una breve reseña en Amazon. Si tienes problemas para dejar una reseña, solo selecciona una cosa que te haya gustado sobre el libro. Me tomo el tiempo para leer cada revisión para poder cambiar y actualizar este libro en función de los comentarios de los lectores.

Ve a: http://geni.us/5KFurySpanish

Si acabas de terminar tu primera carrera de 5K y quieres contarle a alguien, envíame un correo electrónico. Me encantaría saber de ti.

Sígueme en Facebook y Twitter:

Twitter: @BeginR2FinishR

Facebook: facebook.com/BeginnerToFinisher/

Página web: www.halfmarathonforbeginners.com

Email: scottmorton@halfmarathonforbeginners.com

Qué sigue?

Si quieres continuar tu carrera como corredor, te insto a que intentes vencer a tus mejores records 5K personales o pases a 10K o medias maratones. Si has utilizado los horarios de capacitación provistos en este libro, entonces solo deberás entrenar 6 semanas más para prepararte para un 10K. Tengo plena fe en que si cruzas la línea de llegada de 5 K, puedes avanzar para conquistar otro objetivo, como un 10K. Si te sientes súper ambicioso, puedes lanzarte a un plan de entrenamiento de media maratón. En mi libro n.° 1 de Amazon Best Seller, Guía para principiantes de Medio Maratón, el plan de entrenamiento permite una carrera de 10 K durante el ciclo de entrenamiento de 12 semanas. Puedes leer este libro GRATIS con Kindle Unlimited.

Recursos

Si todavía no estás seguro de dónde empezar o tienes otras preguntas con respecto a carreras para principiantes, lee el primer libro de la serie, De Principiante a Finalizador Libro 1:

Por qué los nuevos corredores Fallan: 26 Consejos esenciales que debes conocer antes de empezar a correr¡

Ve a: **http://geni.us/PaperWhyNewRunnersFail**

Puedes leer GRATIS con Kindle Unlimited.
Un programa de entrenamiento resumido y una hoja de registro se pueden descargar a continuación GRATIS:

Hoja de registro y programa de entrenamiento 5K
GRATIS

Ve a: **http://geni.us/5KResources**

Acerca del autor

Practiqué deportes durante toda mi juventud e incluso en mis años de adulto. Corrí mi primer 5k a la edad de 37 en marzo de 2008 sin ningún tipo de formación en absoluto. Terminé tercero, aunque los músculos de mis piernas sentían que me merecía el primer puesto. Mis piernas estaban doloridas durante seis días después de la carrera. Mi siguiente intento 5k fue en 2015 a la edad de 42 años en mi ciudad natal. No tenía ninguna intención de ganar alguna posición, en absoluto. Terminé corriendo peor que mi primer 5k por casi dos minutos. Llegué en segundo lugar sin entrenamiento en absoluto. Pensé que había aprendido una lección ahora - no.

En mayo de 2016, yo volaba a Las Vegas para el viaje anual de chicos. Estaba leyendo una revista de Sky Mall, y me encontré con un artículo llamado "Top 100 cosas que hacer en Las Vegas. "La número ocho en la lista era hacer carrera por las calles de Las Vegas. Durante la carrera, la ciudad bloquea las secciones de las calles. Me enganché. Ofrecían un 5k, 10k, medio maratón y maratón. Me gustaba caminar mucho; de hecho, una de mis cosas favoritas para hacer en Las Vegas era ver cuántos pasos podía conseguir en un día (mi expediente hasta la fecha es

42.000). El Maratón / maratón de rock and roll se llevaría a cabo en noviembre de 2016. Busqué en Internet cualquier información relacionada con la formación de un medio maratón.

Mi esposa me preguntó, "¿Por qué quieres correr un medio maratón?" Le dije porque yo era físicamente capaz de hacerlo. Ella dijo: "Sólo quieres poner una de esas pegatinas 13.1 en la parte posterior del auto." Sin embargo, la verdadera razón era mucho más profunda que eso. Cada vez que atrapo un nuevo tugurio de polvo en mi snowboard, no hay otra experiencia como esa. Me siento como un niño de nuevo, y me siento vivo. La verdadera razón por la que quería correr era porque quería sentir el logro, sentir el dolor y sentir la gloria de cruzar la línea de meta todo el tiempo sintiéndome vivo. Correr me permite liberar a ese niño competitivo dentro de mí que anhela sentirse vivo.

Para un adelanto especial de,

Por qué los nuevos corredores Fallan: 26 Consejos esenciales que debes conocer antes de comenzar a correr,
**(Libro #1 en la serie De Principiante a Finalizador),
Ve a la página siguiente.**

Para la versión Ebook ve a:

http://geni.us/EbookWhyNewRunnersFail

Para la versión de bolsillo ve a:

http://geni.us/PaperWhyNewRunnersFail

Para el audiolibro ve a:

http://geni.us/AudioWhyNewRunnersFail

No correr lo suficiente

Correr muy poco no permitirá que el cuerpo se acostumbre a un horario de entrenamiento. Por ejemplo, supongamos que solo corres dos días a la semana, vamos a elegir lunes y jueves. Cada sesión consiste en 1 milla corriendo seguido de 1 milla de caminata.

Puntos Negativos:
- Tu cuerpo no se está acostumbrando a correr.
- Es posible que seas más susceptible a las lesiones porque tu cuerpo no puede reconstruir y reutilizar los músculos lo suficientemente rápido. Es casi como si tu cuerpo olvidara cómo correr entre los entrenamientos.
- No podrás progresar mucho más que tu kilometraje de entrenamiento.
- Correr de forma inadecuada dificulta la lucha mental. La mente y el cuerpo piensan que se restablecen después de cada sesión y no están aprendiendo el hábito de correr.

Puntos positivos:
- Te estás ejercitando

No creo que nunca debas caer por debajo de un mínimo absoluto de tres días corriendo / caminando. Prefiero al menos cuatro días de correr. Si decides correr un máximo de tres días, te sugiero que te saltes cada dos días (ver a continuación).

Tres días de entrenamiento

Lunes	Martes	Miércoles	Jueves	Viernes	Sábado	Domingo
Correr	Descansar	Correr	Descansar	Correr	Descansar	Caminar

Cuatro días de entrenamiento (Preferiblemente)

Lunes	Martes	Miércoles	Jueves	Viernes	Sábado	Domingo
Correr	Correr	Descansar	Correr	Descansar	Correr	Caminar

Pasos a seguir

● Correr muy poco le hace más difícil al cuerpo tener un horario de carrera normal.

● No corras menos de 3 veces por semana si quieres progresar en el deporte de correr.

POR QUÉ LOS NUEVOS CORREDORES FALLAN

26 CONSEJOS DEFINITIVOS QUE DEBES SABER ANTES DE EMPEZAR A CORRER

SCOTT O. MORTON

Para un adelanto especial de,

Guía de medio maratón para Principiantes: Una solución simple de paso a paso que te llevara a la línea de metas en 12 semanas!

(Libro #4 en la serie De Principiante a Finalizador), ve a la próxima página.

Guía de medio maratón para principiantes se ha convertido en Amazon #1 Bestseller.

Para la versión Ebook ve a:

http://geni.us/EbookHalfMarathons

Para la versión de bolsillo ve a:

http://geni.us/PaperHalfMarathons

Para el audio libro ve a:

http://geni.us/AudioHalfMarathons

La mentalidad del corredor. Superar el miedo a correr 13.1 millas es uno de los mayores obstáculos para completar una media maratón. Te voy a contar un gran secreto que me ayudó a superar mi miedo a tener que correr 13.1 millas. El secreto es que la mayoría de los corredores no corren las 13.1 millas completas. Guau, qué secreto. Es verdad. Los súper atletas y otros corredores que intentan batir sus mejores récords personales podrían correr toda la carrera. Sin embargo, he completado tres medias maratones y un maratón completo, y la mayoría de los corredores caminarán por las estaciones de agua / socorro a lo largo del recorrido. Una vez que me di cuenta de que no tienes que correr toda la distancia, el miedo a correr una media maratón desapareció, al instante. Mi mente había encontrado una grieta en la armadura. Una vez que exploté la debilidad de la bestia medio maratón 13.1, mi mentalidad cambió para siempre en carreras de larga distancia. Esta misma técnica me permitió completar un maratón también. Alguien que lea esto ahora mismo probablemente diga: "Probablemente ha estado corriendo por un largo tiempo". Pude completar tres medias maratones y un maratón completo en el transcurso de un año. Comencé en mayo de 2016 y completé mi tercera media maratón el 22 de abril de 2017, a la edad de 43 años sin ninguna experiencia anterior en carreras de larga distancia. De ninguna manera soy un súper atleta, solo una persona promedio con altas creencias de que podría terminar una media maratón. Espero que esto te anime a terminar tu primera media maratón sin importar a qué edad comiences. Si puedo hacerlo, tú también puedes.

Terminar un 5K o un 10K se puede lograr fácilmente con poco o ningún entrenamiento. Si tu objetivo es correr o caminar / correr una media maratón, entonces debes decirte a ti mismo que eres un corredor. Ya no estás corriendo por el ejercicio. Estás corriendo para entrenar a tu cuerpo para completar tu primera media maratón. Ahora estás entrenando para una media maratón.

Muchas cosas que reviso en este libro son solo mi opinión. Cada programa de entrenamiento discutido en este libro ha sido utilizado por mí para completar tres medias maratones y un maratón completo. Hay varias escuelas de pensamiento diferentes en lo que respecta a la cantidad de carreras por semana que se tarda en entrenar para una media maratón. Hay diferentes guías de nutrición, estrategias de calzado, millas recorridas por semana, etc. Sin embargo, hay una cosa común acordada por casi todos los corredores: tienes que creer en ti mismo y creer que eres un corredor. Sin esto firmemente arraigado en tu cabeza, no superarás la milla nueve, y no llegarás a la línea de meta. No te estoy diciendo esto para desanimarte. Te estoy diciendo esto para prepararte para la batalla mental de correr. Una semana a la vez, un día a la vez, una milla a la vez, y un paso a la vez lo llevará a la línea de meta de la media maratón.

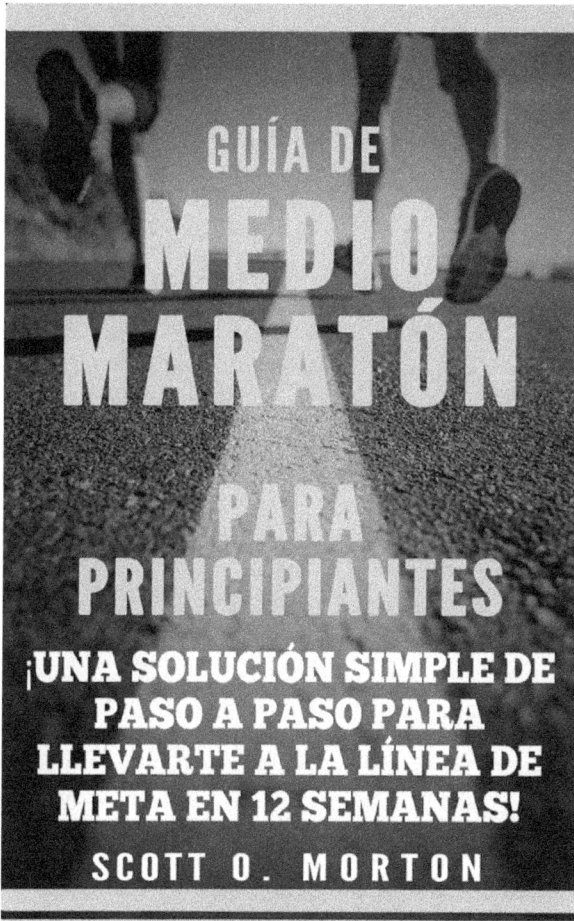

GUÍA DE
MEDIO
MARATÓN

PARA
PRINCIPIANTES

¡UNA SOLUCIÓN SIMPLE DE
PASO A PASO PARA
LLEVARTE A LA LÍNEA DE
META EN 12 SEMANAS!

SCOTT O. MORTON

Otros libros de Scott Oscar Morton

Si deseas saber cuándo publico mis nuevos lanzamientos de libros electrónicos, regístrate aquí. Todos los libros pueden leerse GRATIS con Kindle Unlimited.

Serie De Principiante a Finalizador:

<u>Disponible ahora:</u>

Libro 1: *Por qué los nuevos corredores Fallan: ¡26 Consejos esenciales que debes conocer antes de comenzar a correr!*

Libro 2: *Furia 5K: ¡10 Pasos comprobados que te llevaran a la línea de meta en 9 semanas o menos!*

Libro 3: *Titán 10K: ¡Ve más allá de los 5K en 6 semanas o menos!*

Libro 4: *Guía de Medio Maratón para Principiantes: ¡Una solución simple de paso a paso para llevarte a la línea de meta en 12 semanas!*

<u>Proximamente:</u>

Libro 5: *¡Motivador para maratones!: ¡Una solución simple de paso a paso para llevarte a la línea de meta en 20 semanas!*

www.ingramcontent.com/pod-product-compliance
Lightning Source LLC
Chambersburg PA
CBHW031628040426
42452CB00007B/731